Logli Englisch Leseförderung

Christina Koenig

Delfine bringen Glück

Illustrationen von Corina Beurenmeister
Übersetzung von Nadja Keller

Loewe

In the water

Sarah does not know	weiß nicht
how to swim.	wie man schwimmt
Once she swallowed	einmal; schluckte
some water	etwas Wasser
and had to cough.	musste husten
Another time Micha pulled at	ein anderes Mal; zog an
her leg.	ihrem Bein
Now Sarah is afraid.	jetzt; hat Angst

	does not know	das nott nou	cough	koff
	how to	hau tuh	another time	ännaØer taim
	swim	sswimm	pulled at	pulld ätt
	once	uans	her	hör
	swallowed	ssualloud	leg	legg
	some	ssamm	now	nau
	water	uoter	is afraid	is afräid
	had to	häd tuh		

LESE-RÄTSEL

Warum hat Sarah Angst vor Wasser?
Kreise die beiden richtigen Bilder rot ein.

Today is Sarah's birthday.	heute; Geburtstag
Her friends come.	Freunde; kommen
They eat cake	sie; essen; Kuchen
and play.	spielen
Then Sarah opens her	dann; öffnet
presents.	Geschenke
She gets great things.	bekommt; tolle; Sachen
Even a necklace with a fish.	sogar; Kette; mit; Fisch

	today	tuhdäi	opens	oupens
	birthday	börØday	presents	präsents
	friends	frännds	gets	getts
	come	kamm	great	gräit
	they	Øäi	things	Øings
	eat	iht	even	iehwen
	cake	käik	necklace	näckläss
	play	pläi	with	uiØ
	then	Øenn	fish	fisch

LESE-RÄTSEL

Was passiert zuerst, was danach?
Ordne die Bilder, und schreibe die Zahlen von 1 bis 4 in die richtigen Kästchen.

2

4

3

1

A lucky charm?

"This is a dolphin," Ulf says.
"It is your lucky charm
so that you can learn
how to swim!"
Marie laughs. "And in the
summer we can go to the
open-air swimming pool
together!"

das; Delfin
dein; Glücksbringer
damit; du; lernst

lacht
Sommer; wir; können
Freibad
zusammen

	this	Øis	laughs	lahffs
	dolphin	dohlfin	summer	ssammer
	your	juhr	we	ui
	lucky charm	lacki tscharm	can	känn
	so that	ssou Øätt	open-air	oupen-ähr
	you	juh	swimming pool	sswimming puhl
	learn	lörn	together	tuhgäØer

LESE-RÄTSEL

Warum soll Sarah schwimmen lernen?
Kreuze das richtige Bild an.

☐ Damit Sarah vom Sprungbrett springen kann.

☒ Damit Sarah mit Ulf und Marie ins Freibad gehen kann.

☐ Damit Sarah nicht ständig vor dem Fernseher hockt.

Sarah wants to go to the	möchte
open-air swimming pool	
with her friends.	
But she is only allowed to	sie; darf nur
if she knows how to swim.	wenn
“How can the dolphin help	helfen
me?” Sarah asks.	fragt
“Try it,” Ulf answers.	versuch es; antwortet
“But only if Micha is not in the	aber
swimming pool,” Sarah says.	Hallenbad

	wants	uants	asks	asks
	she	schie	Try it.	trai itt
	only	ounli	answers	ahnssers
	is allowed to	is ällaud tuh	but	batt
	if	iff	swimming	sswimming
	help	hälpp	pool	puhl

Lese-Rätsel

Wer oder was darf bei Sarahs Schwimmversuch nicht dabei sein? Lass diese Stelle weiß, und male den Rest bunt aus.

Last try

Two days later Sarah goes to	zwei Tage später
the swimming pool	
with Ulf, Marie and her parents.	Eltern
She gets changed	zieht sich um
very slowly.	ganz langsam
"This is my last try,"	letzter; Versuch
she thinks.	denkt

	two days later	tuh däis läiter	very slowly	werri sslouli
	parents	pärents	last try	lahsst trai
	gets changed	getts tschäindschd	thinks	Øincks

Was macht Sarah, damit sie nicht sofort ins Wasser muss?

Male einen Tropfen zu dem richtigen Bild.

☐

Sarah hat sich auf dem Klo verschanzt.

☐

Sarah hat sich im Umkleideschrank versteckt.

☐

Sarah zieht sich ganz langsam um.

☐

Sarah zählt die Wassertropfen in der Dusche.

Then she bravely climbs down	mutig; steigt hinab
the ladder.	Leiter
But again, she is afraid.	wieder
Quickly, she gets out of the	schnell; geht hinaus aus
water.	
“A dolphin is not a lucky	
charm!” she says, and cries.	weint

bravely	bräiffli	
climbs down	klaimbs daun	
ladder	lädder	
again	ägänn	
quickly	kwickli	
gets out of	getts aut off	
cries	krais	

LESE-RÄTSEL

Welche Wörter fehlen?
Lies nach, und ergänze richtig.

Sarah steigt die Leiter hinab.

Sie hat wieder Angst.

Sarah geht aus dem Wasser.

Dolphins

The next day Sarah is in the library and finds a book about dolphins.
But what is this?

am nächsten Tag
Bücherei; findet
über
was

	the next day	Øe näxt däi
	library	laibräri
	finds	fainds
	about	äbaut
	what	uott

LESE-RÄTSEL

Was für ein Buch findet Sarah in der Bücherei?
Kreise es ein.

"Dolphins are mammals," the	Säugetiere
book says.	
"So dolphin babies get milk."	bekommen; Milch
Sarah is surprised.	überrascht
"Dolphins are good swimmers.	gute; Schwimmer
They can swim faster than	schneller als
50 kilometres per hour."	Stundenkilometer

	mammals	mämmls	swimmers	sswimmers
	get	gett	faster than	fahsster Øän
	milk	milk	kilometres	kiloumiters
	surprised	ssuppraisd	per hour	pör auer
	good	gudd		

LESE-RÄTSEL

Wovon ernähren sich junge Delfine?

Schreibe das richtige Wort zum passenden Bild.

Water-zoo

Sarah looks at the pictures.	sieht an; Bilder
On one picture are two	auf
dolphins and a diver.	Taucher
On another picture a dolphin	auf einem anderen
jumps through	springt; durch
a colourful tyre.	bunten; Reifen
A sign says:	Schild
"Dolphinarium".	Delfinarium

looks at	lucks ätt	through	Øruh
pictures	picktschers	colourful	kallerfull
on	onn	tyre	taier
diver	daiwer	sign	ssain
on another	onn ännaØer	dolphinarium	dohlfinärium
jumps	dschammps		

LESE-RÄTSEL

Was stimmt auf den Bildern nicht?
Zeichne Pfeile zu den beiden Fehlern.

“What’s a dolphinarium?”
Sarah asks her parents.
“It’s a water-zoo for dolphins,” — Wasserzoo; für
her mother answers.
“My friend Moni works at a — arbeitet in
dolphinarium.”
“Will we go there — werden wir dorthin gehen
some day?” Sarah asks. — eines Tages

	water-zoo	uoter-suh
	for	fohr
	works at	uörks ätt
	will we go there	uill ui gou Øer
	some day	ssamm däi

Welche Tiere leben in einem Delfinarium?
Male die richtigen Tiere farbig aus.

In the dolphinarium

Hurray, today they are going to the dolphinarium! | hurra; gehen sie

Marie and Ulf go there, too. | auch

“It’s like a swimming pool in here!” Sarah is surprised. | wie

	hurray	hurrä̲i̲
	they are going	Øäi ah go̲u̲ing
	too	tuh
	like	laik

LESE-RÄTSEL

Wie sieht es im Delfinarium aus?
Kreuze das richtige Bild an.

- [x] wie im Hallenbad
- [ ] wie im Zirkus
- [ ] wie in der Kirche
- [ ] wie in der Eisdiele

"There are more than	mehr als
30 species of dolphins,"	Arten
Moni explains to the visitors.	erklärt; Besuchern
"Our dolphins already have	schon
three babies. That is a	das
good sign:	Zeichen
Our dolphins like it here."	mögen

	more than	mohr Øän	already	ohlreddi
	species	sspiesis	that	Øätt
	explains	ickspläins	sign	ssain
	visitors	wisittas	like	laik

Lese-Rätsel

Wie viele Delfinarten gibt es?
Male die richtige Zahl farbig nach.

Stunts

"In the head of a dolphin is the	Kopf
so-called melon,"	so genannte; Melone
Moni goes on explaining to the	erklärt weiter
children.	
"From there, dolphins send out	von; senden aus
clicking sounds.	Klicklaute
From the echoes, the animals	Echos
know where rocks are.	wo; Felsen
They can see with their ears."	sehen; ihren; Ohren

head	hädd	sounds	ssaunds
so-called	ssou kohlld	echoes	äckous
melon	mellenn	where	uehr
goes on	gous onn	rocks	ruockss
explaining	icksplåining	see	ssieh
from	fromm	their	Øär
send out	ssänd aut	ears	ihrs
clicking	klicking		

Welche Frucht passt zu dem Namen des Organs, mit dem Delfine Klicklaute aussenden? Kreise sie ein.

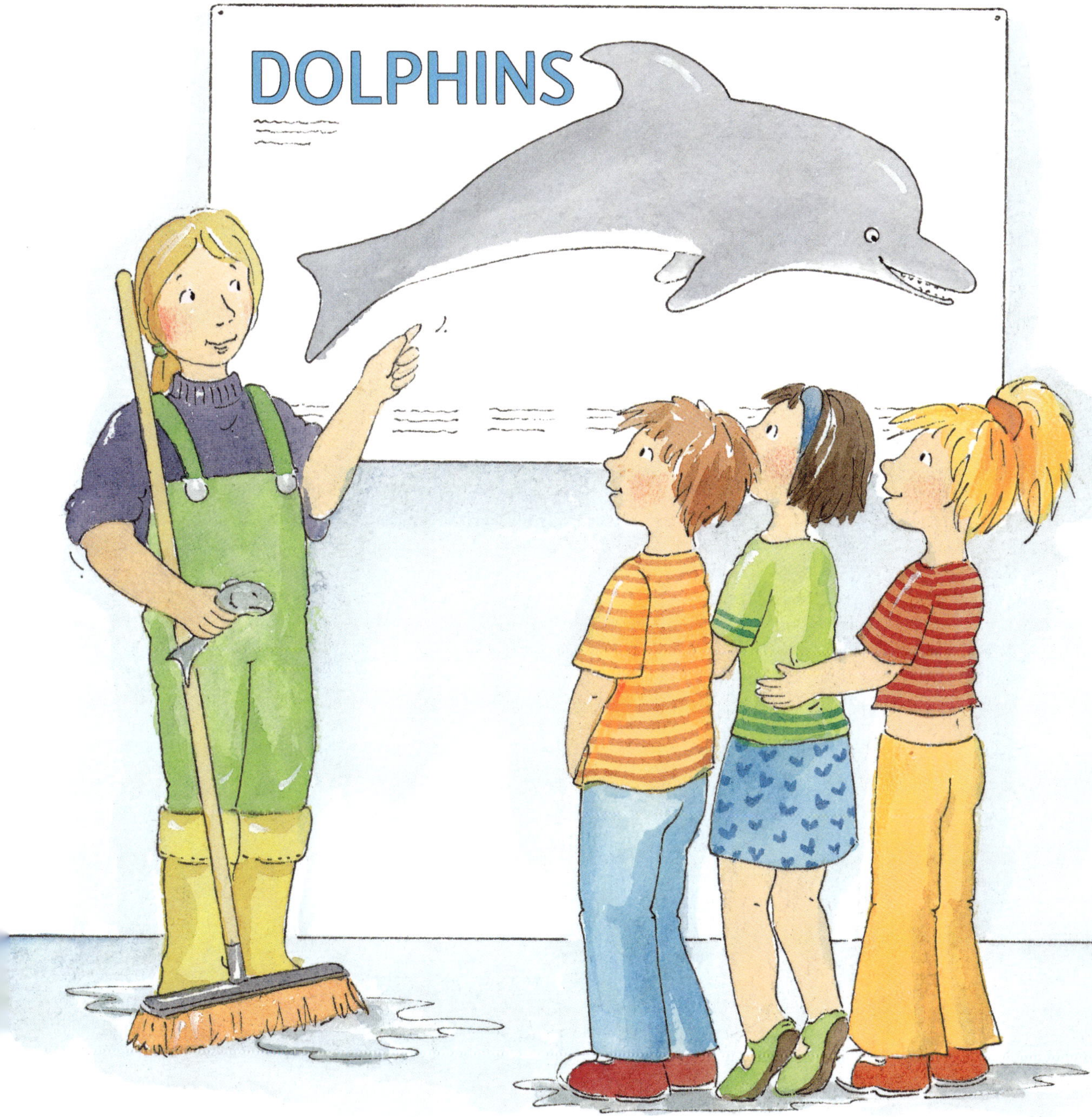

The dolphins do some stunts.	ein paar; Kunststücke
They dive for rings!	tauchen nach; Ringen
Then Moni gives them	gibt; ihnen
some fish.	
Sarah likes one dolphin	mag
very much:	sehr
His name is Lippo.	sein; Name

	some	ssamm	them	Øämm
	stunts	sstants	likes	laiks
	dive for	daiff fohr	very much	werri matsch
	rings	rings	his name	hiss näim
	gives	giws		

LESE-RÄTSEL

Zu jedem Bild passt genau ein Satz.
Streiche jeweils den falschen Satz durch.

Die Delfine tauchen nach Ringen.
Die Delfine essen Ringe.

Moni gibt den Delfinen Fische.
Moni füttert die Kinder mit Fisch.

Sarah mag Ulf gern.
Sarah mag Lippo gern.

Dolphin Lippo

Suddenly Sarah	plötzlich
feels sad.	fühlt (sich); traurig
"I will never learn how to	nie
swim," she thinks.	
"Even dolphins cannot help	können nicht
me."	
She takes off her necklace and	nimmt ab
throws it into the water.	wirft; ins

suddenly	ssaddnli	cannot	kännott
feels	fiehls	takes off	täiks off
sad	ssäd	throws	Ørous
never	näwwa	into	inntuh

LESE-RÄTSEL

Welche Wörter fehlen?

Lies nach, und ergänze richtig.

Plötzlich fühlt sich Sarah ______________ .

Sie nimmt ihre ____________________ ab.

Sarah wirft ihre Kette ins ______________ .

Then the show is over, and	Schau; vorbei
everybody goes to the exit.	alle; Ausgang
Suddenly, Lippo makes a	macht
noise.	Geräusch
He is carrying Sarah's lucky	trägt
charm on his nose!	Nase

	show	schou	makes	mäiks
	over	ouwer	noise	nois
	everybody	ewribaddi	is carrying	is kärrihing
	exit	ecksit	nose	nous

LESE-RÄTSEL

Welches Bild passt zum Text?

Male den Delfin neben dem richtigen Bild aus.

New courage

"Sarah must learn	muss
how to swim!"	
says Marie, and turns to her	dreht (sich) um zu
friend. "Lippo brought back	brachte zurück
the necklace to give	
new courage to you."	neuen Mut
Sarah thinks about it.	denkt darüber nach

must	masst	
turn to	törn tuh	
brought back	broht bäck	
new courage	njuh kahräidsch	
thinks about it	Øincks äbaut itt	

LESE-RÄTSEL

Kannst du die Wörter ordnen? Lies im Text nach, und schreibe den Satz richtig auf.

must learn swim! how to Sarah

____

A few days later Sarah is back at the swimming pool.
"Help me Lippo!" she whispers, and climbs down the ladder.
The water feels soft on her legs. Then she laughs, and forgets that she is afraid.
She just goes into the water and swims!

ein paar Tage später
flüstert
weich
Beine
vergisst
einfach

	a few days later	ä fjuh däis läiter	legs	leggs
	whispers	uisspörs	forgets	fohrgetts
	soft	ssoft	just	dschasst

Warum kann Sarah plötzlich schwimmen?
Male eine Wellenlinie um das richtige Bild.

Weil Sarah neue Schwimmflügel hat.

Weil Sarah plötzlich Schwimmhäute hat.

Weil Sarah keine Angst mehr hat.

Let's have a party

In the evening there is a party.	am Abend
"I want to thank Lippo,"	möchte; danken
Sarah says.	
"And how?" Ulf asks.	
"With a big portion of fish,	Portion
of course!" Sarah answers,	natürlich
and laughs.	

	in the evening	inn Øe iehwning	portion	porschin
	want to	uant tuh	of course	off kours
	thank	Øänck		

Lese-Rätsel

Hier stimmt was nicht!
Streiche das falsche Wort durch,
und schreibe das richtige darüber.

Sarah möchte Lippo mit einer großen Portion Party danken.

Wörterliste

So schreibe ich:	So spreche ich:	Das bedeutet es:
A		
a few	ä fjuh	ein paar
about	äbaut	über
again	ägänn	wieder
already	ohlreddi	schon
another	ännaØer	andere(n)
another time	ännaØer taim	ein anderes Mal
answers	ahnssers	antwortet
are	ah	(du) bist, (wir/sie) sind, (ihr) seid
asks	asks	fragt
at	ätt	an, in, im
B		
back	bäck	zurück
be afraid	bi afräid	Angst haben
birthday	börØdäi	Geburtstag
bravely	bräiffli	mutig
brought back	broth bäck	brachte zurück
but	batt	aber
C		
cake	käik	Kuchen
can	känn	können
cannot	kännott	können nicht

carrying	kärrihing	tragen, trägt
clicking sounds	klicking ssaunds	Klicklaute
climbs	klaimbs	steigt, klettert
come	kamm	kommen
colourful	kallerfull	bunt(en)
cough	koff	husten
courage	kahräidsch	Mut
cries	krais	weint

D

days	däis	Tage
dive for	daiff fohr	tauchen nach
diver	daiwer	Taucher
does not know	das nott nou	weiß nicht
dolphin	dohlfin	Delfin
dolphinarium	dohlfinärium	Delfinarium
down	daun	hinab, hinunter

E

ears	ihrs	Ohren
eat	iht	essen
echoes	äckous	Echos
even	iehwen	sogar
evening	iehwning	Abend
everybody	ewribaddi	alle
exit	ecksit	Ausgang
explaining	ickspläining	erklären
explains	ickspläins	erklärt

F

faster than	fahsster Øän	schneller als
feels	fiehls	fühlt (sich)
few	fjuh	wenige, einige
finds	fainds	findet
fish	fisch	Fisch
for	fohr	für, nach
forgets	fohrgetts	vergisst
friends	frännds	Freunde
from	fromm	von

G

get	gett	bekommen
gets	getts	bekommt, wird
gets changed	getts tschäindschd	zieht sich um
gets out (of)	getts aut (off)	geht hinaus (aus)
give	giw	geben
gives	giws	gibt
go(ing)	gou(ing)	gehen
goes on	gous onn	macht weiter
good	gudd	gut(es)
great	gräit	toll(e)

H

had to	häd tuh	musste
head	hädd	Kopf
help	hälpp	helfen
her	hör	ihr(e),(em); sie
his	hiss	sein
how	hau	wie
hurray	hurräi	hurra

I

if	iff	wenn
in	inn	in, an
into	inntuh	in (hinein)
is afraid	is afräid	hat Angst
is allowed to	is ällaud tuh	darf
it	itt	es

J

jumps	dschammps	springt
just	dschasst	einfach

K

kilometres per hour	kiloumiters pör auer	Stundenkilometer

L

ladder	lädder	Leiter
last	lahsst	letzte(r)
later	läiter	später
laughs	lahffs	lacht
learn	lörn	lernen
leg	legg	Bein
legs	leggs	Beine
library	laibräri	Bücherei
like	laik	wie, mögen
likes	laiks	mag
looks at	lucks ätt	sieht an
lucky charm	lacki tscharm	Glücksbringer

M

makes	mäiks	macht

mammals	mämmls	Säugetiere
melon	mellenn	Melone
milk	milk	Milch
more than	mohr Øän	mehr als
must	masst	muss

N

name	näim	Name
necklace	näckläss	Kette
new	njuh	neu(er)
never	näwwa	nie
next	näxt	nächste(r)
noise	nois	Geräusch
nose	nous	Nase
not	nott	nicht
now	nau	jetzt

O

of course	off kours	natürlich
on	onn	auf
once	uans	einmal
only	ounli	nur
open-air swimming pool	oupen-ähr sswimming puhl	Freibad
opens	oupens	öffnet
over	ouwer	vorbei

P

parents	pärents	Eltern
pictures	picktschers	Bilder

play	pläi	spielen
portion	porschin	Portion
present(s)	präsent(s)	Geschenk(e)
pulled at	pulld ätt	zog an

Q

quickly	kwickli	schnell

R

rings	rings	Ringe
rocks	ruockss	Felsen

S

sad	ssäd	traurig
see	ssieh	sehen
send out	ssänd aut	aussenden
she	schie	sie
show	schou	Schau
sign	ssain	Schild, Zeichen
slowly	sslouli	langsam
so-called	ssou kohlld	so genannt
so that	ssou Øätt	damit
soft	ssoft	weich
some	ssamm	etwas, ein paar
some day	ssamm däi	eines Tages
species	sspiesis	Arten
stunts	sstants	Kunststücke
suddenly	ssaddnli	plötzlich
summer	ssammer	Sommer
surprised	ssuppraisd	überrascht

swallowed	ssualloud	schluckte
swim	sswimm	schwimmen
swimmers	sswimmers	Schwimmer
swimming pool	sswimming puhl	Hallenbad

T

takes off	täiks off	nimmt ab
thank	Øänck	(be)danken
that	Øätt	das
the next day	Øe näxt däi	am nächsten Tag
their	Øär	ihre(n)
them	Øämm	ihnen
then	Øenn	dann
there	Øer	da, dorthin
they	Øäi	sie
thing(s)	Øing(s)	Ding(e)
thinks	Øincks	denkt
thinks about it	Øincks äbaut itt	denkt darüber nach
this	Øis	das
through	Øruh	durch
throws	Ørous	wirft
to	tuh	(damit), zu
today	tuhdäi	heute
together	tuhgäØer	zusammen
too	tuh	auch
try	trai	Versuch
Try it.	trai itt	Versuch es.
turn	törn	dreht (sich) um
two	tuh	zwei
tyre	taier	Reifen

V

very	werri	ganz, sehr
very much	werri matsch	sehr
visitors	wisittas	Besucher

W

want	uant	wollen, mögen
wants	uants	möchte
water	uoter	Wasser
water-zoo	uoter-suh	Wasserzoo
we	ui	wir
what	uott	was
where	uehr	wo
whispers	uisspörs	flüstert
will	uill	werden
with	uiØ	mit
works (at)	uörks (ätt)	arbeitet (in/bei)

Y

you	juh	du
your	juhr	dein

Ø = gelispeltes s

the wird vor a, e, i, o, u Øieh ausgesprochen

Lösungen

Seite 3: Sarah hat Angst vor Wasser, weil sie sich einmal fürchterlich am Wasser verschluckt hat und weil Micha sie am Bein gezogen hat.

Seite 5: Folgende Reihenfolge ist richtig:

2

4

3

1

Seite 7: Sarah soll schwimmen lernen, damit sie mit Ulf und Marie ins Freibad gehen kann.

Seite 9: Micha darf bei Sarahs Schwimmversuch nicht dabei sein, weil er sie am Bein gezogen hat.

Seite 11: Sarah zieht sich ganz langsam um, damit sie nicht sofort ins Wasser muss.

Seite 13: Sarah steigt
die *Leiter* hinab.
Sie hat wieder *Angst*.
Sarah geht aus dem *Wasser*.

Seite 15: Sarah findet ein Buch über Delfine.

Seite 17: Junge Delfine ernähren sich von Milch.

Seite 19: Im Text kommen ein Taucher und ein bunter Reifen vor. Der Angler und der Autoreifen auf den Bildern sind falsch.

Seite 21: In einem Delfinarium leben Delfine.

Seite 23: Im Delfinarium sieht es *wie im Hallenbad* aus.

Seite 25: Es gibt *über 30* Delfinarten.

Seite 27: Die *Melone* passt zu dem Namen des Organs, mit dem Delfine Klicklaute aussenden.

Seite 29: Diese Sätze sind richtig:
Die Delfine tauchen nach Ringen.
Moni gibt den Delfinen Fische.
Sarah mag Lippo gern.